GIAN PIETRO MELIA

GOCCE DI PIETRA

Editore

INDEPENDENTLY PUBLISHED

Gian Pietro Melia, nato a Orotelli (NU) nel 1946, risiede a Siniscola (NU).
In qualità di giornalista-pubblicista, ha collaborato a RAI-Sardegna, LA NUOVA SARDEGNA, L'ORTOBENE, COMUNITÀ VIVA (Toronto-Canada).
Tra gli ultimi libri pubblicati: IL NULLA E L'ASSOLUTO, IL LATO FELICE DELLA FOLLIA, LE RUGHE DELL'ANIMA.

Poesia

Parole di pietra
che scalfiscono
il cuore

martoriato da indicibili sospiri

Sentiero

Calpesto
impervio sentiero
della vita

sotto la luna
che gioca
con ombre umane
di paura

Morire

Due ceri fumanti
infettano l'anima

rubando
il respiro che mi resta.
Olezzano
due crisantemi
pietosamente stracciati
per adornare
la morte ignara.

Povero

L'oppressore

calpesta
il misero
per guarnire
la propria inane vita.
Ma Tu
Signore
non vedi?

Luna

Alta

bianca
la luna
biascica
il mio camminare
tra ombre
di immaginifico mistero.

Vecchie

Raggomitolate
su scranni secolari
a macinare
granelli di caffè
raccontano
fertili bugie
in attesa del crepuscolo.
La vita vien meno
tra gli affanni
su ali
che svolazzano
in attesa del riposo

Epifania

Nuvole bianche

mai appassite
irrompono
su sole meridiano
chiudendo
i veli della speranza
di un dono
che mai arriva.

Profumo lontano

Di mandarino
mi resta il profumo
come
di Natale
di spirito diafano
di carbone residuato
tra due tizzoni
spenti per risparmiare

Oblio

Anima
e
corpo
mi tuffo nel vuoto
oblio di vita
che si innamora
del nulla osceno
che
comprime la mente.

Crepuscolo

Il canto del passero

lambisce
l'inerte memoria
dell'oggi che svanisce.

Tempo

Impresso ritorna
il tempo
con la sua fantasia
a scuotere
triste
le ali dell'alba.

Terra

Su tutto
rimane
il vacuo lamento
del correre
chinato lo sguardo
su arida terra.

Lavoro

Inerte
la terra
davanti a vanga
di duro lavoro
e
a miseria di contadino
che
non conosce
torrente di delizie.

Sguardi

Sonnolenti sguardi
di eventi attesi da tempo
quietano
le speranze
che
ormai
assopiscono
indolori.

Sonno

Pensieri
ondeggiano
su grande palude
creata
da sasso
che corre nel vuoto.

Forza

Pingue
il corpo
si dimena
contro acque
giunte fino all'anima.
Ineffabile
l'abisso
inghiottisce il giorno
sperando
la compassione eterna.

Opera umana

Penoso
inutile
lo sguardo
si rivolge
ad opere
svanite nell'oblio
dei viventi
sotto
l'incessante brulicare
delle locuste.

Giorno dopo giorno

Giorno dopo giorno
mi abbevero
nell'abisso che tutto sommerge
tra lo sfrenato scorrere
della beffarda ingordigia
rompendo
le cateratte
dell'ira divina.

Preghiera

Chino lo sguardo
come margherita
che ondeggia
per carezzevole brezza.

Rumore

Il cielo grigio
accoglie
il silenzio
che
mi protegge
dall'osceno fragore
di lidi lontani
dall'anima.

Speranza

Lungo i giorni
sempre stantii
avanza
il tormento vigile
dell'anima.
Passa
pure
il tempo
che
a volte
stordisce
senza sapere
né via né vita.

Immensità

Solco
questa immensità
come pulviscolo pensante
in attesa
che la speranza
si consumi
dentro me.

Contadino

Langue
il contadino
attendendo
che
il chicco di grano
marcisca
sotto il berretto sudato
che annebbia
gli occhi

La festa

Né sera
né domani
conosce
adagiato
su sedia sfasciata
a luce spenta
e
viso ombreggiato
da due tizzoni
timidamente accesi.

Attesa

Passa la sera
la mattina
la sera ancora
per dire
che
ha vissuto
senza lamento.

Il santo patrono

Baldoria
fuori
col santo assopito
che non ode
né balli né canti nè chitarre.
Il parroco
placido
incurante
benedice il legno.
Io attendo
che
torni il silenzio.

Sera

La mia sera
si accantuccia
nel cuore
felicemente sordo
alla baldoria di strada.
Mi immergono
nell'ansia
che implora rifugio.

Estraneo

Estraneo sono
alla strada
che urla
di follia peregrina.
Mi inondo
nella sera silente
del mio cuore.

Miseria

Importuna
si cala
la miseria
da fuligginoso comignolo
quietamente attesa.
Non consolante
né gradita
essa
si abbraccia
quale incubo peregrino
nella notte
che si desidera
senza tempo.

Noia

Esuberante
la mattina
che il giorno
spegne
nella noia indifferente
che cresce
sulle spine
sotto il sole.

Fuga

Le ore
fluiscono
tra visioni
che tramutano
sogni
passi
visioni
antichi marosi
vacui lampi di vita.

Pasqua

Oppresso
il povero
tacito
vegeta
chino sulla miseria
che
la vita
gli dona
fuori della pasqua
che squarcia l'universo
tintinnante di mammona.

Servi inutili

Servi inutili
di parole riverniciate
col nulla
che ammorba
i cuori.

Respiro

Il tempo
comprime
il respiro
in attesa
che si corrompa
la vita
senza averla neppure vissuta.

Lamento

Esile
il lamento
copre la speranza
di una nuvola
desiderata come goccia
a ristoro
di terra
polverosa
impietrita.

Addio

Sangue
incancrenito
da doloranti sogni
mai avverati
prepara
l'addio
al mondo inerte
che scoppia
di nulla.

Reliquia

Reliquia dei sopravvissuti
è
il filo
che stringe
vita e morte.
Larva di morte
è
la vita.

Primavera

Profumo di asparagi
disegna
l'aria
nel prato solatio
fiorito di viole.
Eppure
calpestò il prato
ignaro
della violenza
sullo stelo
che
si piega.

Fede

Elemosinare gli stenti
di chi
è più sgualcito
della mia anima
è
provare
la fede
che vien meno.

Boria

I pidocchi
che son pidocchi
il ricco
invidia
godendosi
dell'abbandono del povero
senza filo di luna
tra ombre ondeggianti
in desolata campagna di sterchi.

Tacere

Tace
il misero
per scongiurare
altre corone
di rovi
sotto i piedi.
Non gli è amico
il tempo.

Mendicante

Se non sai
cosa è
lo stomaco vuoto
predichi
parole di vento.

Amore

Solo
se vai girovagando
a mendicare
aria sole vento
freddo sudore
tutto gratis
puoi chinare il capo
capire o
amare o
odiare o
progettare.

Debito

Nuda la terra
e gentile
riceve
carne
ossa
chiudendo il debito
satura
di una vita biascicata,
sequela di fallimenti,
invocando
il silenzio di Dio
come riposo.

Il giorno

Mestamente
il giorno
si adagia
tra cipressi
che sfidano l'infinito.
Il Cielo
ne ride
aprendo
cateratte di pene immense
sul vivere insipido.

Aquila

D'inverno
la spiaggia
ha il respiro
dell'Aquila
che
sola
lotta
vittoriosa
col vento.

Argilla

Vomita
l'arrogante
parole di sterco.
Lo sorregge
piedistallo d'argilla.

Pietà

Cencioso
il misero
copre le palpebre
invocando
silenzioso
pietà
dall'infinito
in cui sprofonda.

Invidia

Neppure
la pulce
che ci picchia
addosso
è nostra.
Ma d'invidia
è
buona radice.

Derelitto

Neppure
una goccia
di tanto diluvio
lambisce
il capo
dell'assetto.
Anima sola
senza dono
e
senza ghigno.

Il giudice

Perché
o giudice
chiosi la legge
contro l'Impotente?
Lo condanni
ma scruti le righe
per premiare il potente di turno
che mostra
unghie denti e danaro.

Pregando

Il passato
aggredisce la memoria
scoraggia il tempo che verrà
chiudendo
sogni innocenti
caricando paure
con le pene
della disperante malinconia
che invoca
il rifugio della preghiera.

Attesa

Attimi in moto perenne
filmano
la vita
in attesa della fine
che uccide
i ricordi
tra olezzanti crisantemi.

Camposanto

Corone
di fiori
pagati a caro prezzo
pronti ad appassire
nel volgere della sera
dopo l'addio
di una vita
senza strascichi
senza memoria
dentro l'umido cunicolo
del Camposanto.

Perdere

Angusto
il pensiero
segue le foglie
che ondeggiano
anzi tempo ingiallite.
Le racimolo
una per una.
Ho tanto tempo inutile.

Parole

Il maestro
parla con le parole del libro.
L'alunno
parla con le parole della strada.
Ma
c'è un angolo buio
che parla dal cuore.

CANTO SOLARE

Non più preda
di inganni nascosti
i raggi tremuli
del primo luglio
mi colpiscono
di vergine mattino.

Suonano
le campane festive.

L'eco vacilla
e
si consuma
tra querce
che
guerreggiano
contro l'infinito cielo.

Non odo

ormai il mio canto
derelitto nell'anima.

MARE

Ti invoglia
l'acqua increspata.

Gocce intrepide
spruzzano il viso
e
innervano
le intime parole del cuore.

Solitudine immensa
ti immerge
o mio cuore
tremando di gioia

al gracidare dell'albatro.

Felicità
si nasconde
nel grigio mattino
partorito
dalle onde
placate da dorata brezza.

VENTO

Gentile
l'acqua
ha irrorato di rugiada
sentieri distrutti
da livido bruciore.

Odiato
il vento autunnale
distende
fogliame volante
tra gente
pavida
e

immiserita
dal canto di una capinera abbandonata.

PENA

Non si placa
il gemito del passero
inerte.

Si lambicca
nella falda frammentata
del ruscello
che gongola
il sui ritmo
recando lamento
in chi

agogna riposo.

ANIME CANDIDE

Anime candide
incubano
nenie dolenti.

Non avvertono
il flebile canto
di civetta che muore
sul platano atavico
senza espandere
alcun ricordo.

Come uomo
che
si immerge
nell'aperto mare del nulla.

FOGLIA

Mi irrompe
lieve carezza di foglia.

Il cuore
non canta
nè cade in delirio.

Di niente si dissipa
nell'attesa.

TENEBRE

Di tenebre
mi avvolge la sera
che corre.

Gli occhi
vagano nel nulla.

Indugiano
a scrutare
nuvole
mute
e
sfuggenti.

Senza meta.

INFINITO

Tra il vivere muto
e
la morte paurosa
l'infinito
domina
il cuore ansioso
dell'uomo.

ANSIA

Anche
queste ore
si allontaneranno.

Evocheranno
la solitudine
nella bruna serata di agosto.

ESTATE

Vacillano
i sogni.

Le ombre fuggenti
tentennano
gioiose
calpestando

il cuore
turbato dal nulla.

MARE

Onde quiete
si adagiano
e

si espandono di infinito.

Restano sole
nell'immenso fragore del mare.

EVA

Un grido immenso
si espande sulla terra.

Grido di doglie.

Grido di vita.

Paura di giorni a venire.

TREMORE

Ascolto

di notte
un canto nenioso
di civetta.

È
l'estremo gemito
di vita passata
senza essere vissuta.

RICORDO

La luna
sorge dal suo splendore eterno.

Ricopre
le membra rinsecchite
dell'uomo.

L'uomo
si distende
di tremore
e
di speranza
nella caligine della vita.

BRUMA

Lieve
e
piacevole
mi adombra l'anima.

Sfoglio
i giorni.
Album
inedito
e
dolorante
della vita.

CIMITERO DI PAESE

Ghirigori
di lampade votive
evocano
anime
sparpagliate nell'aldilà.

Memoria vana
di un'ora.
Ghirlanda
di un giorno
per la morte ventura.

2 NOVEMBRE

La morte
si paga
per vivere
la vacua eternità
tra i viventi.

Giungerà il 2 novembre
per i viventi
senza respiro.

TOMBE

Verdi cipressi
ondeggiano
su arida terra
segnata da croci.

Cala il silenzio
su cimitero mai chiuso.

L'eternità
si fa granitica
sull'anima inviperita
dell'uomo.

GENTE

La notte
nasce lugubre
come il giorno
per l'errante
senza mura e senza mensa.

La gente
pure nomade su terra infida
velocemente
si affanna
davanti a dispensa stipata
in guerra perenne contro tutti.

GIARDINO

Le formiche
brulicano
sotto il melograno.

Il turbinio del vivere
sgretola

il silenzio dell'anima
e
annaspa
nelle tenebre dei giorni.

DESIDERIO

Fuggite
antiche luci
di infanzia
bruciata anzi tempo.

Siete comparse
un tempo
per recare tormento
nel ricordo
che
ormai
tarda a dissiparsi.

GIOIA

Si chiamava gioia.

Aveva
antenati
senza pensieri.

Faticava
anche di vanga
e di ascia.

Intriso di sudore
tornava
alla capanna.

Con la dolce cantilena
del **Padre Nostro**
si abbandonava
al sonno
senza musica

e
senza paura

SCOGLIERA

Mi adagio
su increspata scogliera.

Gli occhi
si sbarrano
davanti all'acqua
che
offre
il suo bagliore
e
la quiete.

L'anima
si schiude
e
mi dona

l'orizzonte
verso il vivere
della fiorente solitudine.

Davanti a me
marcisce
la scialba vita
scandita dal fragore

POETA

Gente
immiserita dal frastuono.

Giunge
alfine
il poeta
a molestare
con pudore
tanta gente
che
non ode
e
non vede.

RIPOSO

Fiuto
in un baleno
un riposo.
Anima
e
cuore
vacillano
senza posa.

Non v'è
tregua
per l'anima trepidante.

CANTI SPARSI DELL'ESILIO

Sazi vivono
gli abitanti
di Sodoma e di Gomorra.

Olocausti abbondanti
di arieti e di vitelli
innalzano
nel vuoto dell'aria
per abbonire
i loro idoli muti
e
per tacitare
la loro ipocrisia.

Incenso abominevole
si spande nel cielo
dove
l'Eterno impera
odiando
e
aborrendo
noviluni
sabati
assemblee
feste pubbliche.

Sodoma e Gomorra
moltiplicano
orazioni
e
riti
e
incensi.

Né orazioni
né riti
né incensi
travalicano
labbra ipocrite
e
sanguinarie.

La spada dello straniero
pende

sui vostri delitti.

Lo straniero
deturpera'
il tuo oro.

I principi
sono accorsi
alle ricompense del povero
e
hanno sedotto
il cuore dell'oppresso
senza difesa.

Quando
la mano della giusta vendetta
colpirà
l'oppressore?

L'oppressore
si adagia ancora
all'ombra delle querce
poderose
e
vigorose.

L'oppressore
si erge sopra i colli
con potere sovrano
praticando la guerra

con spade
e
lance affilate.

L'oppressore
rigetta ancora
la sua gente
patteggiando
la pace col nemico.
Si inchina felice
davanti
all'opera delle sue mani,
davanti
alle macchine
che
egli ha creato.

I suoi occhi
sono beati
davanti ai suoi argenti
che
sono scorie dell'anima.

Un giorno
di certo
arriverà
contro
tutto ciò che si erge
coltivando beffardaggine.

Allora

tutti,
anche i principi,
correranno
dentro le caverne
e
negli antri della terra
davanti al terrore eterno
che
li percuotera'.

Tutti
vorranno gettare
idoli
e
oro
e
cose
ai topi
e
ai pipistrelli
usciti
dai crepacci delle rocce.

Ma
continuerà a mancare
ogni sostegno di pane
e
ogni appoggio di acqua.
Dalla città
mancherà
il guerriero

e
l'eroe
e
il giudice
e
il profeta
e
l'anziano
e
il consigliere.
Mancherà
persino
l'indovino
e
l'abile mago
e
l'incantatore.

Sul trono
dominerà
il giovane orgoglioso
e
l'abietto
Nelle case
non ci sarà
né pane né mantello.

Il condottiero
traviera' il popolo.
Guasterà
la vigna

e
sfracellera'
le guance del povero
emaciate
dal sole dei campi.

Ora
anche le donne
sgambettano
a collo teso.
Ai loro piedi
tintinnano
anelli luccicanti.

Nel giorno dell'ira
le caviglie
saranno mute
e
scompariranno
fermagli
e
lunette
e
turbanti
e
cinture
e
amuleti
e
specchi
e

tuniche
e
tiare
e
vestaglie.

Al posto del profumo
ci sarà
marciume nelle levigate gote.
Invece di bellezza
ci sarà
dolente bruciatura.

I prodi cadranno
di spada
lasciando
le donne
senza nome
e
senza pane.

AGOSTO

Non ho voglia
di immergersi
in un carnaio
inebetito
e
inaridito
su interminata distesa
di sabbia
che

brucia
anima
e corpo.

Mi adagio
solitario
sotto i pini
che
mi tuffano
nell'ombra
e
nel florido silenzio
accanto alla scogliera
inesplorata
e carezzevole.

NOTTE

Il vento
di questa notte
mi ha ammorbidito
il cuore.

Il pensiero

vagava interminabile
nel fruscio increscioso
della vita passata
senza fremito
e
senza gioia.

CREPUSCOLO

Nel vago fuggire
delle ore
si alimenta
il crepuscolo
della mia anima
intorpidita
dal fragore del nulla
che
assorbe.

QUIETE

Il mio grido
acuisce
ogni pena
che
mi porto dentro
senza posa.

GIARDINO

Anima,
la mia,
accartocciata
in giardino ridente.

VITA

Al pari del coma
che

distrugge
la vita
ci consuma.

VUOTO

All'improvviso

appare
ombra fugace
sullo specchio del mio mare.

È
il vivere
che
si appropria
del suo morire.

SOLE

Finisci
per avere in odio
il sole
che
non vedi.

Manca
la luce del cuore.
Manca
il dubbio dei perché.

Sole buio
che
acceca
la ragione.

Non fai più
luce.
Mi cresce
l'odio
per questo sole.

Prezzo: € 10 (+iva)

www.ingramcontent.com/pod-product-compliance
Lightning Source LLC
LaVergne TN
LVHW091030150826
845672LV00006BA/1754

* 9 7 9 8 8 3 8 6 3 4 9 0 0 *